Créer Ton Propre Agent IA Facilement

De la conception au déploiement : Guide pratique pour développer, optimiser et monétiser votre agent IA

Dans ce Guide :

Introduction

- Qu'est-ce qu'un agent IA ? Définition et concepts
- Pourquoi créer son propre agent IA ? Cas d'utilisation concrets
- Les outils et technologies disponibles
- Plan du guide

Chapitre 1 : Comprendre les Agents IA

1.1. Qu'est-ce qu'un Agent IA ?

- Définition et principes de base
- Différences entre un chatbot, un assistant et un agent autonome

1.2. Types d'Agents IA

- Agents basés sur des règles
- Agents basés sur l'apprentissage automatique (Machine Learning)
- Agents autonomes (IA Générative, Agents Multi-Agents)

1.3. Exemples d'Agents IA Réels

- Chatbots (ChatGPT, Claude, Bard)
- Assistants vocaux (Siri, Alexa, Google Assistant)
- Agents autonomes en finance, santé, cybersécurité

Chapitre 2 : Préparer Son Environnement de Développement

2.1. Choisir la Technologie et le Langage

- Python, JavaScript, et autres
- Frameworks populaires : LangChain, Auto-GPT, LlamaIndex

2.2. Installation des Outils Nécessaires

- Python et pip
- Environnement virtuel (venv, conda)
- Jupyter Notebook / VS Code

2.3. APIs et Bases de Données

- Utilisation d'APIs IA (OpenAI, DeepSeek, Hugging Face)
- Bases de données vectorielles (FAISS, Pinecone)

Chapitre 3 : Construire un Agent IA de Base

3.1. Créer un Agent Simple

- Structure d'un agent
- Programmation d'un bot en Python
- Premiers tests

3.2. Ajouter une Interface

- Création d'une interface en terminal
- Développement d'une interface web avec Flask ou Streamlit

3.3. Connecter l'Agent à une Base de Connaissances

- Intégration d'un document PDF ou d'une base de données
- Récupération et traitement de l'information

Chapitre 4 : Améliorer l'Intelligence de l'Agent

4.1. NLP et Compréhension du Langage

- Traitement du texte avec spaCy ou NLTK
- Intégration d'un modèle de langage (LLM)

4.2. Apprentissage Automatique pour Agents IA

- Introduction au Machine Learning appliqué aux agents
- Fine-tuning d'un modèle (Hugging Face, LoRA)

4.3. Personnalisation et Adaptation

- Création d'un agent avec mémoire

- Personnalisation des réponses et du ton

Chapitre 5 : Ajouter des Fonctionnalités Avancées

5.1. Intégration de l'Agent avec d'Autres Applications

- Connexion à une API REST
- Automatisation avec Zapier / Make

5.2. Multimodalité : Ajouter Image, Audio et Vidéo

- Reconnaissance vocale et synthèse
- Analyse d'image avec Vision AI

5.3. Sécurité et Protection des Données

- Anonymisation et confidentialité
- Hébergement sécurisé

Chapitre 6 : Déployer Son Agent IA

6.1. Hébergement Local vs Cloud

- Déploiement sur un serveur personnel
- Hébergement avec AWS, GCP, Hugging Face Spaces

6.2. Déploiement sur le Web

- Création d'une API Flask ou FastAPI
- Hébergement avec Vercel / Render

6.3. Optimisation des Performances

- Réduction des coûts d'inférence
- Accélération avec GPU / TPU

Chapitre 7 : Monétiser Son Agent IA

7.1. Intégration de l'Agent dans un Service Payant

- SaaS et abonnement
- Marketplace d'IA

7.2. Monétisation via API

- Création et vente d'accès API
- Paiement par requête

7.3. Modèle Freemium vs Premium

- Offrir un service gratuit et une version avancée payante
- Publicité et partenariats

Conclusion et Ressources

- Résumé du processus
- Prochaines étapes et approfondissements
- Liste de ressources utiles (tutoriels, cours, forums)

Créer Ton Propre Agent IA Facilement

De la conception au déploiement : Guide pratique pour développer, optimiser et monétiser votre agent IA

Introduction – Créer Ton Propre Agent IA Facilement

L'intelligence artificielle est en train de révolutionner notre quotidien. Des assistants vocaux comme Siri et Alexa aux chatbots d'entreprise, en passant par des agents autonomes capables de prendre des décisions complexes, l'IA est partout. Mais savais-tu que tu peux aussi créer ton propre agent IA, adapté à tes besoins spécifiques ?

Ce guide est conçu pour t'accompagner, pas à pas, dans la création de ton propre agent intelligent, même si tu es débutant. En utilisant des outils accessibles et des technologies modernes, tu apprendras à concevoir un agent capable de comprendre, interagir et évoluer en fonction de son environnement.

Qu'est-ce qu'un Agent IA ?

Un agent IA est un programme informatique capable de percevoir son environnement, de traiter des informations et d'agir en fonction d'objectifs spécifiques. Contrairement aux logiciels classiques, un agent IA peut s'adapter aux situations, apprendre et interagir de manière plus autonome.

Il existe plusieurs types d'agents IA :

- **Les chatbots** : programmes conçus pour répondre aux questions des utilisateurs.
- **Les assistants intelligents** : comme Google Assistant ou Alexa, qui peuvent exécuter des tâches.
- **Les agents autonomes** : capables de prendre des décisions et d'agir sans intervention humaine directe.

Pourquoi Créer Son Propre Agent IA ?

Créer un agent IA peut avoir de nombreux avantages, que ce soit pour des usages personnels, professionnels ou commerciaux :

- **Automatiser des tâches** : répondre automatiquement aux emails, trier des documents, gérer un agenda.
- **Améliorer l'expérience client** : mise en place d'un chatbot intelligent pour ton entreprise.
- **Développer une IA personnalisée** : un agent IA adapté à ton domaine d'expertise (finance, santé, éducation, jeux vidéo).
- **Apprendre et se perfectionner en IA** : une expérience enrichissante pour améliorer tes compétences en intelligence artificielle et en programmation.

Les Outils et Technologies Disponibles

Pour créer un agent IA performant, voici les principales technologies utilisées :

. **Langages de programmation** : Python (le plus populaire), JavaScript, etc.
. **Frameworks IA** : LangChain, Auto-GPT, Transformers (Hugging Face).
. **Modèles de langage (LLM)** : OpenAI GPT, DeepSeek, Mistral.
. **Bases de données et gestion du contexte** : FAISS, Pinecone.
. **APIs et services cloud** : OpenAI API, Google Cloud AI, AWS AI.

Pas d'inquiétude si tu ne connais pas encore ces outils ! Nous allons les découvrir ensemble au fil du guide.

Chapitre 1 : Comprendre les Agents IA

L'intelligence artificielle est un domaine vaste qui englobe plusieurs types de systèmes capables de percevoir leur environnement, d'analyser des données et d'agir en conséquence. Dans ce chapitre, nous allons explorer ce qu'est un agent IA, les différents types existants et des exemples concrets d'application.

1.1. Qu'est-ce qu'un Agent IA ?

Définition et principes de base

Un agent IA est un programme informatique conçu pour interagir avec son environnement en prenant des décisions basées sur des données et des règles préétablies ou apprises. Contrairement aux logiciels classiques qui suivent un ensemble d'instructions rigides, un agent IA peut s'adapter, apprendre et améliorer ses performances avec le temps.

Les caractéristiques principales d'un agent IA :
- **Perception** : il reçoit des informations de son environnement via des capteurs ou des entrées de données (texte, audio, image).
- **Raisonnement** : il analyse les informations et prend des décisions en fonction d'un ensemble de règles ou d'un modèle d'apprentissage.
- **Action** : il exécute des tâches en fonction de son analyse (répondre à une question, générer un rapport, exécuter une commande).
- **Apprentissage** *(facultatif)* : certains agents peuvent améliorer leurs performances en s'adaptant aux interactions passées.

Différences entre un chatbot, un assistant et un agent autonome

Il existe plusieurs types d'agents IA en fonction de leurs capacités et de leur degré d'autonomie :

Type	Définition	Exemples
Chatbot	Programme interactif conçu pour répondre aux questions des utilisateurs par texte ou voix, généralement basé sur des règles ou l'IA NLP.	ChatGPT, Bard, Claude, service client automatisé
Assistant IA	Logiciel capable d'exécuter des tâches variées comme envoyer des messages, programmer des rendez-vous ou répondre à des commandes vocales.	Siri, Alexa, Google Assistant

Agent autonome	IA avancée prenant des décisions complexes sans supervision humaine directe, souvent utilisé dans la finance, la cybersécurité ou la robotique.	Auto-GPT, BabyAGI, agents IA pour le trading automatique

1.2. Types d'Agents IA

Les agents IA peuvent être classés en trois grandes catégories selon leur mode de fonctionnement :

Agents basés sur des règles

Définition : Ces agents fonctionnent avec un ensemble de règles prédéfinies sous la forme de "SI condition ALORS action". Ils ne sont pas capables d'apprendre et ne peuvent répondre qu'aux scénarios prévus par leurs créateurs.

Exemple :

- Un chatbot d'entreprise qui répond aux questions des clients selon un script programmé.
- Un système d'alerte dans une application de finance qui envoie un message si le solde du compte passe sous un certain seuil.

. **Avantages** : Simples à mettre en place, rapides et peu gourmands en ressources.
. **Inconvénients** : Très rigides, incapables d'apprendre ou de s'adapter à des situations imprévues.

Agents basés sur l'apprentissage automatique (Machine Learning)

Définition : Ces agents utilisent des algorithmes de Machine Learning pour analyser des données, identifier des modèles et apprendre à améliorer leurs réponses ou actions avec le temps.

Exemple :

- **Chatbots intelligents** : ChatGPT, qui apprend des interactions avec les utilisateurs et peut générer du texte de manière contextuelle.
- **Systèmes de recommandations** : Netflix ou Spotify utilisent ce type d'agent pour suggérer des films et musiques adaptés aux préférences des utilisateurs.

. **Avantages** : Capables d'apprendre, plus flexibles et précis dans leurs interactions.
. **Inconvénients** : Requiert de grandes quantités de données et des ressources informatiques importantes pour l'entraînement.

Agents autonomes (IA Générative, Agents Multi-Agents)

Définition : Ces agents sont capables d'agir et de prendre des décisions de manière autonome, sans intervention humaine directe. Ils utilisent des modèles avancés comme les réseaux neuronaux profonds (Deep Learning) et peuvent collaborer avec d'autres agents pour accomplir des tâches complexes.

Exemple :

- **Auto-GPT** : un agent qui peut exécuter des tâches complexes comme planifier un projet ou effectuer des recherches sur Internet.
- **Agents autonomes en cybersécurité** : systèmes capables de détecter et neutraliser des cyberattaques en temps réel sans intervention humaine.
- **Robotique avancée** : robots industriels autonomes capables d'adapter leur comportement en fonction des conditions de production.

. **Avantages** : Très performants, capables de gérer des tâches complexes et d'agir en autonomie.
. **Inconvénients** : Exigeants en calcul, difficilement contrôlables et parfois imprévisibles.

1.3. Exemples d'Agents IA Réels

L'intelligence artificielle est déjà omniprésente dans notre quotidien. Voici quelques applications concrètes des agents IA dans différents domaines :

Chatbots : IA pour la communication

Les chatbots sont parmi les agents IA les plus populaires, utilisés aussi bien pour l'assistance clientèle que pour la génération de contenu.

Exemples :

- **ChatGPT (OpenAI)** : capable de générer du texte de manière naturelle et fluide.

- **Claude (Anthropic)** : une IA axée sur la compréhension du langage et l'éthique conversationnelle.
- **Bard (Google Gemini)** : optimisé pour la recherche et l'accès à l'information.

Cas d'utilisation :
- Service client automatisé (réponse aux questions, gestion des réclamations).
- Génération de contenu (écriture d'articles, emails, posts sur les réseaux sociaux).
- Chatbots éducatifs (aide aux devoirs, explication de concepts).

Assistants vocaux : IA au service du quotidien

Les assistants vocaux sont des agents IA capables d'interagir avec l'utilisateur via la reconnaissance vocale et la synthèse vocale.

Exemples :

- **Siri (Apple)** : peut envoyer des messages, programmer des alarmes et interagir avec d'autres applications.
- **Alexa (Amazon)** : permet de contrôler des objets connectés et d'effectuer des achats en ligne.
- **Google Assistant** : propose des informations personnalisées et intègre de nombreux services Google.

Cas d'utilisation :
- Gestion des tâches et rappels.
- Contrôle des appareils domotiques (éclairage, chauffage, sécurité).
- Assistance aux personnes âgées ou en situation de handicap.

Agents autonomes en finance, santé et cybersécurité

Les agents autonomes sont utilisés dans des domaines où la rapidité et la précision sont cruciales.

Exemples :

- **Finance** : Algorithmes de trading automatique capables de prendre des décisions d'investissement en quelques millisecondes.
- **Santé** : Agents IA diagnostiquant des maladies à partir d'images médicales (radiographies, IRM).

- **Cybersécurité** : Systèmes de détection et de réponse aux cyberattaques en temps réel.

Cas d'utilisation :
- Optimisation des investissements et gestion des risques en bourse.
- Diagnostic assisté par IA pour la détection précoce de maladies.
- Protection des entreprises contre les menaces informatiques avancées.

Conclusion du Chapitre

Les agents IA sont aujourd'hui indispensables dans de nombreux secteurs et leur développement ne cesse de progresser. Que ce soit pour améliorer le service client, automatiser des tâches ou prendre des décisions complexes, ils offrent des possibilités infinies.

Dans le prochain chapitre, nous verrons **comment préparer l'environnement de développement** et choisir les outils adaptés pour créer ton propre agent IA !

Chapitre 2 : Préparer Son Environnement de Développement

Avant de créer un agent IA, il est essentiel de mettre en place un environnement de développement adapté. Ce chapitre couvre le choix des technologies, l'installation des outils nécessaires et l'utilisation d'APIs et de bases de données pour optimiser les performances de l'agent.

2.1. Choisir la Technologie et le Langage

Le choix du langage de programmation et des outils dépend du type d'agent IA que vous souhaitez développer.

Python, JavaScript et autres

. **Python** (Recommandé)
Python est le langage le plus utilisé en intelligence artificielle grâce à sa simplicité et à la richesse de ses bibliothèques IA.

- Facile à apprendre et à lire.
- Excellente compatibilité avec les frameworks IA.
- Large communauté et documentation abondante.

. **JavaScript (Node.js)**
JavaScript peut être utile pour les agents IA intégrés aux applications web ou aux chatbots interactifs sur des sites.

- Compatible avec les applications web et serveurs via Node.js.
- Intégration facile avec les APIs et bases de données en temps réel.
- Outils populaires comme TensorFlow.js pour exécuter des modèles IA dans le navigateur.

. **Autres Langages (Moins recommandés pour débuter)**

- **Java** : Utilisé pour les systèmes IA dans des environnements industriels.
- **C++** : Utile pour les performances élevées (exemple : vision par ordinateur).
- **R** : Spécialisé en analyse de données et statistiques, parfois utilisé en IA.

Frameworks populaires : LangChain, Auto-GPT, LlamaIndex

Pour accélérer le développement, il est recommandé d'utiliser des frameworks qui simplifient la gestion des modèles et des interactions IA.

LangChain

Un framework conçu pour structurer et orchestrer les interactions avec des modèles d'IA, notamment les LLMs (Large Language Models).

- Permet de chaîner plusieurs appels IA pour créer des agents plus intelligents.
- Intégration facile avec OpenAI, Hugging Face, FAISS, Pinecone, etc.
- Utilisé pour développer des assistants virtuels avancés et des agents autonomes.

Auto-GPT

Un agent IA autonome capable d'exécuter des tâches complexes en interagissant avec l'environnement.

- Peut planifier et exécuter des actions sans intervention humaine.
- Basé sur OpenAI GPT-4, LangChain et d'autres outils IA.
- Utilisé pour l'automatisation de recherche, la génération de contenu et la planification de projets.

LlamaIndex (ex- GPT Index)

Une bibliothèque optimisée pour la gestion des données non structurées avec des modèles d'IA.

- Permet d'indexer et d'interroger facilement de grandes bases de données.
- Idéal pour les applications de recherche documentaire et d'IA contextuelle.
- Compatible avec FAISS et d'autres bases de données vectorielles.

2.2. Installation des Outils Nécessaires

Avant de commencer à coder, il faut installer les outils de base pour travailler efficacement.

Installation de Python et pip

Python est indispensable pour la plupart des projets IA.

- **Installation de Python** (Version recommandée : 3.9 ou supérieure) Télécharger et installer depuis : https://www.python.org/downloads/

- **Vérifier l'installation :**

bash

```
python --version
pip --version
```

- **Mettre à jour pip** (gestionnaire de paquets Python)

bash

```
python -m pip install --upgrade pip
```

Environnement virtuel (venv, conda)

Créer un environnement virtuel permet d'isoler les dépendances du projet.

Avec venv (Recommandé pour la simplicité)

bash

```
python -m venv mon_env
source mon_env/bin/activate  # (Sur macOS/Linux)
mon_env\Scripts\activate     # (Sur Windows)
```

Avec Conda (Alternatif, plus avancé)

bash

```
conda create -n mon_env python=3.9
conda activate mon_env
```

Un environnement virtuel évite les conflits entre bibliothèques et garantit la stabilité du projet.

Jupyter Notebook / VS Code

Deux éditeurs sont recommandés pour coder et tester les agents IA :

- **Jupyter Notebook** (Idéal pour les tests et le prototypage) Installation :

```bash
bash

pip install notebook
```

Lancer un notebook :

```bash
bash

jupyter notebook
```

- **VS Code** (Recommandé pour le développement avancé) Télécharger : https://code.visualstudio.com/ Installer l'extension **Python** pour l'exécution et le débogage.

2.3. APIs et Bases de Données

Les agents IA ont besoin d'interagir avec des APIs et de stocker des données pour fonctionner efficacement.

Utilisation d'APIs IA (OpenAI, DeepSeek, Hugging Face)

Pourquoi utiliser des APIs IA ?
- Accès à des modèles pré-entraînés (GPT-4, DeepSeek, Falcon).
- Évite d'avoir à entraîner un modèle depuis zéro.
- Permet une intégration rapide dans les applications.

OpenAI API (GPT-4, Whisper, DALL·E)

Inscription et clé API : https://openai.com/

Installation du SDK OpenAI

```bash
bash

pip install openai
```

Exemple d'appel API GPT-4

```python
python

import openai

openai.api_key = "VOTRE_CLE_API"

response = openai.ChatCompletion.create(
    model="gpt-4",
```

```
    messages=[{"role": "user", "content": "Bonjour, comment fonctionne un agent IA ?"}]
)

print(response["choices"][0]["message"]["content"])
```

DeepSeek API (Alternative Open-Source Chinoise)

Documentation : https://deepseek.com/

Hugging Face API (Modèles Open-Source)

Installation :

bash

```
pip install transformers
```

Exemple avec un modèle open-source

python

```
from transformers import pipeline
qa_pipeline = pipeline("question-answering", model="deepset/roberta-base-squad2")
result = qa_pipeline(question="Qu'est-ce qu'un agent IA ?", context="Un agent IA est...")
print(result["answer"])
```

Bases de données vectorielles (FAISS, Pinecone)

Les bases de données vectorielles permettent de stocker et de rechercher efficacement des informations sous forme de vecteurs, ce qui est essentiel pour la mémoire des agents IA.

FAISS (Facebook AI Similarity Search)

Installation :

bash

```
pip install faiss-cpu
```

Exemple d'indexation de vecteurs

python

```
import faiss
import numpy as np

index = faiss.IndexFlatL2(128)  # 128 dimensions
```

```python
data = np.random.rand(1000, 128).astype('float32')
index.add(data)

# Recherche
query = np.random.rand(1, 128).astype('float32')
distances, indices = index.search(query, 5)
print(indices)
```

Pinecone (Base vectorielle cloud)

Installation :

bash

```
pip install pinecone-client
```

Utilisé pour stocker et récupérer des documents rapidement avec IA.

Conclusion du Chapitre

Vous avez maintenant tous les outils nécessaires pour commencer à développer un agent IA performant. Dans le prochain chapitre, nous verrons **comment concevoir un agent IA étape par étape et l'entraîner à accomplir des tâches spécifiques** !

Chapitre 3 : Construire un Agent IA de Base

Dans ce chapitre, nous allons concevoir un agent IA fonctionnel en Python, lui ajouter une interface utilisateur et l'intégrer à une base de connaissances.

3.1. Créer un Agent Simple

Un agent IA est un programme capable de traiter des informations, d'interagir avec l'utilisateur et d'exécuter des tâches de manière autonome.

Structure d'un Agent IA

Un agent IA de base comprend trois éléments clés :

1. **Entrée** : L'agent reçoit une question ou une requête (texte, voix, etc.).
2. **Traitement** : L'agent analyse l'entrée et génère une réponse via un modèle IA.
3. **Sortie** : L'agent affiche la réponse à l'utilisateur.

Programmation d'un Bot en Python

Nous allons créer un agent simple qui interagit avec l'utilisateur en utilisant **OpenAI GPT-4**.

Installation des dépendances

bash

```
pip install openai
```

Code de base pour un agent IA

python

```
import openai

openai.api_key = "VOTRE_CLE_API"

def agent_ia(prompt):
    response = openai.ChatCompletion.create(
```

```python
    model="gpt-4",
    messages=[{"role": "user", "content": prompt}]
)
return response["choices"][0]["message"]["content"]

# Interaction avec l'utilisateur
while True:
    user_input = input("Vous : ")
    if user_input.lower() in ["quit", "exit", "stop"]:
        print("Agent : À bientôt !")
        break
    response = agent_ia(user_input)
    print("Agent :", response)
```

Premiers Tests

- **Lancer le script et poser des questions**
- **Tester différents types de requêtes**
- **Améliorer le modèle en ajoutant des instructions spécifiques**

3.2. Ajouter une Interface

Une interface facilite l'interaction avec l'agent IA. Nous allons voir deux approches : **interface en terminal** et **interface web**.

Interface en Terminal

L'interface en ligne de commande est déjà en place dans le script précédent. Elle est idéale pour un développement rapide.

Interface Web avec Flask

Installation de Flask

bash

pip install flask

Création d'une API Flask pour l'agent IA

python

from flask import Flask, request, jsonify

```python
import openai

app = Flask(__name__)
openai.api_key = "VOTRE_CLE_API"

@app.route("/chat", methods=["POST"])
def chat():
    data = request.json
    user_message = data.get("message", "")

    response = openai.ChatCompletion.create(
        model="gpt-4",
        messages=[{"role": "user", "content": user_message}]
    )

    return jsonify({"response": response["choices"][0]["message"]["content"]})

if __name__ == "__main__":
    app.run(debug=True)
```

Tester l'API avec Postman ou curl

bash

```bash
curl -X POST http://127.0.0.1:5000/chat -H "Content-Type: application/json" -d '{"message": "Bonjour, que peux-tu faire ?"}'
```

Interface Web avec Streamlit

Installation de Streamlit

bash

```bash
pip install streamlit
```

Code pour une interface utilisateur simple

python

```python
import streamlit as st
import openai

openai.api_key = "VOTRE_CLE_API"

st.title("💬 Agent IA Chatbot")

user_input = st.text_input("Posez une question :")

if user_input:
    response = openai.ChatCompletion.create(
        model="gpt-4",
```

```
    messages=[{"role": "user", "content": user_input}]
)
st.write(" :", response["choices"][0]["message"]["content"])
```

Lancer l'application

bash

```
streamlit run app.py
```

3.3. Connecter l'Agent à une Base de Connaissances

Un agent IA efficace doit pouvoir rechercher des informations dans des documents ou bases de données.

Intégration d'un Document PDF

Installation de PyMuPDF pour lire des PDFs

bash

```
pip install pymupdf
```

Extraction du texte d'un PDF

python

```
import fitz  # PyMuPDF

def extraire_texte_pdf(fichier):
    doc = fitz.open(fichier)
    texte = ""
    for page in doc:
        texte += page.get_text()
    return texte

pdf_text = extraire_texte_pdf("document.pdf")
print(pdf_text)
```

Utilisation d'une Base de Données Vectorielle (FAISS)

Installation de FAISS

bash

```
pip install faiss-cpu
```

Indexation et recherche de texte

python

```python
import faiss
import numpy as np

index = faiss.IndexFlatL2(128)
data = np.random.rand(1000, 128).astype('float32')
index.add(data)

query = np.random.rand(1, 128).astype('float32')
distances, indices = index.search(query, 5)
print(indices)
```

Conclusion du Chapitre

Vous avez maintenant un **agent IA fonctionnel** avec une **interface utilisateur** et une **base de connaissances**. Dans le prochain chapitre, nous verrons **comment améliorer l'agent avec des fonctionnalités avancées** comme la mémoire, la personnalisation et l'intégration avec d'autres APIs !

Chapitre 4 : Améliorer l'Intelligence de l'Agent

Dans ce chapitre, nous allons renforcer l'intelligence de notre agent IA en améliorant sa compréhension du langage, en intégrant des modèles de machine learning, et en le personnalisant pour mieux répondre aux besoins des utilisateurs.

4.1. NLP et Compréhension du Langage

Le **Traitement du Langage Naturel (NLP)** permet à un agent IA de comprendre et de générer du texte de manière plus naturelle et pertinente.

Traitement du Texte avec spaCy ou NLTK

Installation de spaCy et NLTK

bash

```
pip install spacy nltk
python -m spacy download en_core_web_sm
```

Utilisation de spaCy pour analyser du texte

python

```
import spacy

nlp = spacy.load("en_core_web_sm")
texte = "Elon Musk est le PDG de Tesla et SpaceX."

doc = nlp(texte)

# Extraction des entités nommées (personnes, entreprises, lieux)
for ent in doc.ents:
    print(ent.text, "-", ent.label_)
```

Utilisation de NLTK pour le prétraitement du texte

python

```
import nltk
from nltk.tokenize import word_tokenize
from nltk.corpus import stopwords
```

```python
nltk.download("punkt")
nltk.download("stopwords")

texte = "L'intelligence artificielle change le monde chaque jour."
tokens = word_tokenize(texte)
tokens_sans_stopwords = [mot for mot in tokens if mot.lower() not in stopwords.words("french")]

print(tokens_sans_stopwords)
```

Intégration d'un Modèle de Langage (LLM)

L'intégration d'un **modèle de langage avancé** comme **GPT-4**, **Mistral**, ou **DeepSeek** permet à l'agent IA de générer des réponses plus pertinentes et contextuelles.

Utilisation d'un modèle LLM via OpenAI API

python

```python
import openai

openai.api_key = "VOTRE_CLE_API"

def agent_ia(prompt):
    response = openai.ChatCompletion.create(
        model="gpt-4",
        messages=[{"role": "user", "content": prompt}]
    )
    return response["choices"][0]["message"]["content"]

print(agent_ia("Explique-moi la relativité restreinte."))
```

Utilisation d'un modèle local (LLaMA, DeepSeek, Mistral) avec LM Studio

1. Installer **LM Studio** et télécharger un modèle open-source
2. Lancer l'API locale sur http://localhost:5001
3. Modifier le script pour interroger le modèle local

python

```python
import requests

def agent_ia_local(prompt):
    response = requests.post(
        "http://localhost:5001/v1/chat/completions",
        json={"messages": [{"role": "user", "content": prompt}]}
    )
    return response.json()["choices"][0]["message"]["content"]

print(agent_ia_local("Quelle est la capitale du Japon ?"))
```

4.2. Apprentissage Automatique pour Agents IA

Un agent IA peut être amélioré grâce à **l'apprentissage automatique (ML)**, notamment via le **fine-tuning** d'un modèle de langage.

Introduction au Machine Learning appliqué aux agents

Le Machine Learning permet à un agent de :
- Apprendre à partir de nouveaux exemples
- Améliorer la pertinence de ses réponses
- Réduire les erreurs et hallucinations

Outils courants pour le ML appliqué aux agents IA

- **Hugging Face Transformers** : Fine-tuning de modèles LLM
- **LoRA (Low-Rank Adaptation)** : Adaptation rapide et légère
- **FastAPI + FAISS** : Création d'une base de connaissances vectorielle

---

Fine-tuning d'un Modèle (Hugging Face, LoRA)

Installation des bibliothèques nécessaires

bash

```
pip install transformers datasets accelerate bitsandbytes peft
```

Chargement et Fine-Tuning d'un Modèle sur Hugging Face

python

```
from transformers import AutoModelForCausalLM, AutoTokenizer, TrainingArguments, Trainer
from datasets import load_dataset

# Charger un modèle pré-entraîné
model_name = "mistralai/Mistral-7B"
model = AutoModelForCausalLM.from_pretrained(model_name)
tokenizer = AutoTokenizer.from_pretrained(model_name)

# Charger un dataset de conversations
dataset = load_dataset("json", data_files="data.json")

# Fine-tuning avec LoRA
training_args = TrainingArguments(
    output_dir="./results",
    per_device_train_batch_size=2,
    num_train_epochs=3
)
```

```
trainer = Trainer(
    model=model,
    args=training_args,
    train_dataset=dataset
)
trainer.train()
```

4.3. Personnalisation et Adaptation

Un agent IA efficace doit **mémoriser les conversations passées**, s'adapter à l'utilisateur et répondre de manière naturelle.

Création d'un Agent avec Mémoire

Utilisation de LangChain pour ajouter une mémoire

bash

```
pip install langchain
```

Ajout d'une mémoire de conversation

python

```
from langchain.memory import ConversationBufferMemory
from langchain.chat_models import ChatOpenAI
from langchain.chains import ConversationChain

llm = ChatOpenAI(model="gpt-4", openai_api_key="VOTRE_CLE_API")
memory = ConversationBufferMemory()

conversation = ConversationChain(llm=llm, memory=memory)

print(conversation.predict(input="Bonjour, je suis Pierre."))
print(conversation.predict(input="Quel est mon nom ?"))  # L'agent doit se souvenir
```

Personnalisation des Réponses et du Ton

L'agent peut être **programmé pour adopter un ton spécifique** (formel, humoristique, scientifique, etc.).

Personnalisation du ton dans la requête

python

```
def agent_personnalise(prompt, style="humoristique"):
    system_message = f"Tu es un assistant IA {style}. Réponds à la question suivante :"
```

```python
    response = openai.ChatCompletion.create(
        model="gpt-4",
        messages=[{"role": "system", "content": system_message},
                {"role": "user", "content": prompt}]
    )
    return response["choices"][0]["message"]["content"]

print(agent_personnalise("Explique-moi la relativité.", "scientifique"))
```

Personnalisation par profil utilisateur

python

```python
user_profiles = {
    "Pierre": {"style": "formel", "domaine": "finance"},
    "Emma": {"style": "décontracté", "domaine": "musique"}
}

def agent_adaptatif(user, prompt):
    profile = user_profiles.get(user, {"style": "neutre", "domaine": "général"})
    return agent_personnalise(prompt, profile["style"])

print(agent_adaptatif("Emma", "Quels sont les meilleurs groupes de rock ?"))
```

Conclusion du Chapitre

Vous avez maintenant **un agent IA plus intelligent et personnalisé** capable de :
- **Comprendre le langage** grâce au NLP
- **Apprendre et s'améliorer** via le machine learning
- **S'adapter aux utilisateurs** et mémoriser les interactions

Dans le prochain chapitre, nous allons voir **comment déployer notre agent IA sur le web et l'intégrer avec d'autres outils** !

Chapitre 5 : Ajouter des Fonctionnalités Avancées

Dans ce chapitre, nous allons **étendre les capacités de notre agent IA** en l'intégrant à d'autres applications, en lui ajoutant des capacités multimodales (voix, image, vidéo) et en renforçant sa sécurité.

5.1. Intégration de l'Agent avec d'Autres Applications

Un agent IA peut être plus puissant lorsqu'il est **connecté à d'autres services** via des **APIs** ou des outils d'automatisation.

Connexion à une API REST

Notre agent peut interagir avec des APIs pour **récupérer des données externes** (météo, bourse, actualités, etc.).

Exemple : Récupérer la météo avec OpenWeather API

python

```python
import requests

API_KEY = "VOTRE_CLE_API"
VILLE = "Paris"
URL = f"http://api.openweathermap.org/data/2.5/weather?q={VILLE}&appid={API_KEY}&units=metric"

response = requests.get(URL)
data = response.json()

print(f"Météo à {VILLE} : {data['weather'][0]['description']}, {data['main']['temp']}°C")
```

Intégrer une API dans les réponses de l'agent

python

```python
def agent_meteo(ville):
    response = requests.get(f"http://api.openweathermap.org/data/2.5/weather?q={ville}&appid={API_KEY}&units=metric")
    data = response.json()
```

```
    return f'La météo à {ville} est {data['weather'][0]['description']} avec une température de
{data['main']['temp']}°C."

print(agent_meteo("Londres"))
```

Automatisation avec Zapier / Make

Des outils comme **Zapier** ou **Make** permettent de connecter l'agent à des applications comme **Slack, Gmail, Google Sheets, Trello** sans coder.

Scénarios possibles avec Zapier
- **Envoyer un email automatique** lorsque l'agent détecte une question spécifique
- **Créer une tâche Trello** lorsqu'un utilisateur interagit avec l'agent
- **Ajouter des réponses de l'agent dans une base de données Google Sheets**

Exemple d'envoi automatique de données à Google Sheets avec Zapier

1. **Créer un Webhook sur Zapier**
2. **Récupérer l'URL du Webhook et l'utiliser dans Python**

python

```python
import requests

def envoyer_donnees_zapier(nom, message):
    url = "https://hooks.zapier.com/hooks/catch/XXXXXXXX/"
    payload = {"nom": nom, "message": message}
    requests.post(url, json=payload)

envoyer_donnees_zapier("Alice", "Bonjour, j'aimerais une analyse sur l'IA.")
```

5.2. Multimodalité : Ajouter Image, Audio et Vidéo

Reconnaissance Vocale et Synthèse de Parole

Un agent IA peut **écouter et parler** en utilisant **Speech-to-Text (STT)** et **Text-to-Speech (TTS)**.

Installer les bibliothèques nécessaires

bash

```bash
pip install speechrecognition pyttsx3
```

Reconnaissance vocale avec SpeechRecognition

29

```python
python

import speech_recognition as sr

recognizer = sr.Recognizer()
with sr.Microphone() as source:
    print("Parlez...")
    audio = recognizer.listen(source)

texte = recognizer.recognize_google(audio, language="fr-FR")
print(f"Vous avez dit : {texte}")
```

Synthèse vocale avec pyttsx3

```python
python

import pyttsx3

engine = pyttsx3.init()
engine.say("Bonjour, comment puis-je vous aider ?")
engine.runAndWait()
```

Analyse d'Images avec Vision AI

Installation de OpenCV et Pillow

```bash
bash

pip install opencv-python pillow
```

Détection d'objets dans une image avec OpenCV

```python
python

import cv2

image = cv2.imread("image.jpg")
cv2.imshow("Image", image)
cv2.waitKey(0)
cv2.destroyAllWindows()
```

Analyse d'image avec Google Vision AI

1. **Créer un compte Google Cloud et activer l'API Vision**
2. **Utiliser l'API pour détecter du texte dans une image**

```python
python

from google.cloud import vision
```

```python
client = vision.ImageAnnotatorClient()
with open("image.jpg", "rb") as image_file:
    content = image_file.read()
image = vision.Image(content=content)

response = client.text_detection(image=image)
print(response.text_annotations[0].description)
```

5.3. Sécurité et Protection des Données

Un agent IA doit **garantir la confidentialité** des utilisateurs et **protéger ses données** contre les attaques.

Anonymisation et Confidentialité

Suppression des informations sensibles

python

```python
import re

def anonymiser_texte(texte):
    texte = re.sub(r"\b\d{3}-\d{2}-\d{4}\b", "[NUMERO SECURITE]", texte)  # Ex : 123-45-6789
    texte = re.sub(r"\b\d{10}\b", "[NUMERO TELEPHONE]", texte)  # Ex : 0612345678
    return texte

print(anonymiser_texte("Mon numéro est 0612345678 et mon SSN est 123-45-6789."))
```

Hébergement Sécurisé

Si vous hébergez un agent IA, vous devez **sécuriser le serveur** contre les attaques.

Bonnes pratiques de sécurité
- **Utiliser HTTPS** (Let's Encrypt, Cloudflare)
- **Limiter les accès API** avec des clés privées
- **Crypter les données sensibles** avec **AES ou bcrypt**

Exemple : Chiffrement d'un mot de passe avec bcrypt

bash

```bash
pip install bcrypt
```
python

```python
import bcrypt
```

```
password = "monMotDePasse"
hashed = bcrypt.hashpw(password.encode(), bcrypt.gensalt())

print("Mot de passe chiffré :", hashed)
```

Conclusion du Chapitre

Nous avons **ajouté des fonctionnalités avancées** à notre agent IA :
- **Connexion à des APIs et automatisation avec Zapier**
- **Ajout de la voix et reconnaissance d'images**
- **Sécurisation des données et anonymisation**

Dans le prochain chapitre, nous verrons **comment déployer l'agent IA sur le web** et **le rendre accessible à un large public** !

Chapitre 6 : Déployer Son Agent IA

Dans ce chapitre, nous allons **mettre en production notre agent IA** en explorant les différentes options d'hébergement, en créant une API pour le web et en optimisant les performances pour réduire les coûts et accélérer les traitements.

6.1. Hébergement Local vs Cloud

Une fois que notre agent IA est prêt, nous devons choisir **où l'héberger** :

- **Localement** : sur un ordinateur personnel ou un serveur dédié
- **Sur le cloud** : AWS, GCP, Hugging Face Spaces, etc.

Hébergement sur un Serveur Personnel

Si vous souhaitez garder le contrôle total sur votre agent, vous pouvez l'héberger **localement** sur un **Raspberry Pi**, un **serveur dédié** ou un **PC puissant**.

Démarrer un serveur local avec Flask

python

```python
from flask import Flask, request, jsonify

app = Flask(__name__)

@app.route('/ask', methods=['POST'])
def ask():
    data = request.get_json()
    question = data.get("question", "")
    response = {"answer": f"Réponse générée pour : {question}"}
    return jsonify(response)

if __name__ == '__main__':
    app.run(host='0.0.0.0', port=5000)
```

Accéder à l'agent depuis un autre appareil

Si vous hébergez sur un serveur local, utilisez son adresse IP :

bash

```bash
http://192.168.1.X:5000/ask
```

Hébergement avec AWS, GCP, Hugging Face Spaces

Les services cloud permettent d'héberger **facilement** un agent IA, avec une **scalabilité automatique** et des **accès distants**.

Options populaires

- **AWS EC2** : Serveur virtuel puissant
- **Google Cloud Run** : Exécute du code sans gérer un serveur
- **Hugging Face Spaces** : Parfait pour héberger des modèles IA gratuitement

Déployer sur Hugging Face Spaces (Gratuit)

1. Créez un compte sur **Hugging Face**
2. Créez un nouvel espace **Gradio/Streamlit/Flask**
3. **Ajoutez votre script Flask ou Streamlit**
4. Poussez votre code avec **Git**

bash

```
git add .
git commit -m "Déploiement initial"
git push
```

6.2. Déploiement sur le Web

Une API permet d'accéder à l'agent IA depuis **un site web, une application mobile ou un chatbot**.

Création d'une API avec Flask

Installation de Flask

bash

```
pip install flask
```

Code pour une API simple

python

```
from flask import Flask, request, jsonify

app = Flask(__name__)

@app.route('/api/chat', methods=['POST'])
def chat():
```

```
data = request.get_json()
question = data.get("message", "")
response = {"response": f"L'agent répond : {question}"}
return jsonify(response)

if __name__ == '__main__':
    app.run(debug=True)
```

Tester l'API avec Postman ou curl

bash

```
curl -X POST http://127.0.0.1:5000/api/chat -H "Content-Type: application/json" -d
'{"message": "Bonjour"}'
```

Hébergement avec Vercel / Render

Si vous voulez **héberger gratuitement** votre API, vous pouvez utiliser **Vercel** ou **Render**.

Déployer une API Flask sur Render

1. **Créer un compte** sur Render.com
2. **Ajouter un nouveau service web**
3. **Connecter votre repo GitHub contenant Flask**
4. **Définir la commande de démarrage** :

   bash

   ```
   gunicorn -w 4 -b 0.0.0.0:$PORT app:app
   ```

Déployer sur Vercel (Node.js recommandé, mais possible avec Python)

1. Installer Vercel CLI

   bash

   ```
   npm install -g vercel
   ```

2. Déployer

   bash

   ```
   vercel
   ```

6.3. Optimisation des Performances

Une fois l'agent IA déployé, il est important d'**optimiser ses performances** pour **réduire les coûts et accélérer les requêtes**.

Réduction des Coûts d'Inférence

Les **modèles IA peuvent être coûteux** en calcul et en hébergement.

Astuces pour réduire les coûts
- **Utiliser des modèles plus légers** comme GPT-3.5 au lieu de GPT-4
- **Limiter la fréquence des appels API** en utilisant **un cache**
- **Utiliser un serveur dédié au lieu d'une machine cloud**

Mise en cache des réponses avec Flask

python

```python
from flask_caching import Cache

app.config['CACHE_TYPE'] = 'simple'
cache = Cache(app)

@app.route('/api/chat', methods=['POST'])
@cache.cached(timeout=60)
def chat():
    data = request.get_json()
    question = data.get("message", "")
    return jsonify({"response": f"Réponse : {question}"})
```

Accélération avec GPU / TPU

Les **GPU (Graphics Processing Unit)** et **TPU (Tensor Processing Unit)** permettent d'accélérer l'**exécution des modèles IA**.

Vérifier la disponibilité d'un GPU avec PyTorch

python

```python
import torch
print(torch.cuda.is_available())  # Doit renvoyer True si un GPU est disponible
```

Forcer l'utilisation d'un GPU

python

```python
device = torch.device("cuda" if torch.cuda.is_available() else "cpu")
```

```
model.to(device)
```

Utiliser Google Colab pour l'entraînement gratuit sur GPU

1. Ouvrir **Google Colab**
2. Activer un **GPU** dans Runtime > Change runtime type > GPU

Exécuter un modèle sur TPU avec TensorFlow

python

```
import tensorflow as tf
tpu = tf.distribute.cluster_resolver.TPUClusterResolver()  # Détecter le TPU
tf.config.experimental_connect_to_cluster(tpu)
tf.tpu.experimental.initialize_tpu_system(tpu)
```

Conclusion du Chapitre

Nous avons appris à **déployer notre agent IA**, en explorant plusieurs options :
- **Hébergement local vs cloud** (AWS, Hugging Face, Render)
- **Déploiement sur le web avec Flask ou FastAPI**
- **Optimisation des performances** (cache, GPU, TPU)

 Prochain chapitre : Monétiser son agent IA et le rendre accessible à un large public !

Chapitre 7 : Monétiser Son Agent IA

Maintenant que notre agent IA est opérationnel et déployé, nous allons explorer **les différentes stratégies pour le monétiser**. Que ce soit via un service payant, une API ou un modèle freemium, ce chapitre vous aidera à **rentabiliser votre IA**.

7.1. Intégration de l'Agent dans un Service Payant

L'un des moyens les plus efficaces de monétiser un agent IA est de **le transformer en un produit SaaS (Software as a Service)** ou de l'intégrer dans une **marketplace d'IA**.

Créer un SaaS et Proposer un Abonnement

Un modèle **SaaS (Software as a Service)** permet d'offrir votre agent **via un abonnement mensuel ou annuel**.

Exemples d'agents IA monétisables en SaaS
- Un assistant IA pour les entreprises (service client, RH, finance)
- Un chatbot éducatif
- Un générateur de contenu IA

Outils pour transformer votre IA en SaaS

- **Flask/FastAPI + Stripe** (solution simple pour intégrer les paiements)
- **Django + Django Payments** (solution robuste pour gérer les utilisateurs)
- **Bubble, Glide, Softr** (plateformes no-code pour lancer un SaaS rapidement)

Exemple d'intégration de Stripe avec Flask

python

```
import stripe
from flask import Flask, request, jsonify

app = Flask(__name__)
stripe.api_key = "VOTRE_CLE_STRIPE"

@app.route('/paiement', methods=['POST'])
def paiement():
    data = request.get_json()
    payment_intent = stripe.PaymentIntent.create(
        amount=1000,  # Montant en centimes (ex: 10€)
```

```
        currency='eur',
        payment_method=data['payment_method_id'],
        confirm=True
    )
    return jsonify(payment_intent)

if __name__ == '__main__':
    app.run(debug=True)
```

Mettre   en   place   un   abonnement
Avec Stripe, vous pouvez créer un **paiement récurrent** pour votre service IA :

python

```
stripe.Subscription.create(
    customer="CUSTOMER_ID",
    items=[{"price": "PRICE_ID"}]
)
```

Vendre son Agent sur une Marketplace d'IA

Si vous ne voulez pas créer un SaaS, vous pouvez **vendre votre agent IA sur une marketplace existante**.

Plateformes populaires pour vendre un agent IA

- **Hugging Face Spaces** (Gratuit avec option premium)
- **OpenAI Plugin Store** (Ajoutez un plugin IA à ChatGPT)
- **Algolia** (Vendre un moteur de recherche IA)
- **Zapier AI** (Créer un agent connecté à des automatisations)

7.2. Monétisation via API

Si votre agent IA peut être utilisé par **d'autres développeurs**, vous pouvez proposer **un accès API payant**.

Création et Vente d'Accès API

Outils pour vendre un accès API

- **RapidAPI** (Marketplace pour API)
- **Stripe + FastAPI/Flask** (Créer une API payante)
- **AWS API Gateway** (Gestion avancée d'API)

Créer une API payante avec Flask + Stripe
Définir l'API

python

```python
from flask import Flask, request, jsonify

app = Flask(__name__)

@app.route('/api/chat', methods=['POST'])
def chat():
    data = request.get_json()
    api_key = data.get("api_key")

    # Vérifier la validité de la clé API
    if api_key != "VOTRE_CLE_API":
        return jsonify({"error": "Clé API invalide"}), 403

    question = data.get("message", "")
    response = {"response": f"L'agent répond : {question}"}
    return jsonify(response)

if __name__ == '__main__':
    app.run(debug=True)
```

Générer et gérer les clés API avec Stripe
Stripe permet de **facturer par requête** ou **par abonnement** en associant des clés API aux utilisateurs.

Ajouter un compteur d'utilisation
Stockez **le nombre de requêtes utilisées** par chaque client dans une base de données.

Paiement par Requête

Certains services IA facturent **chaque requête envoyée à l'API**.

- **GPT-4** : Facturation au nombre de tokens utilisés
- **Google Vision AI** : Facturation au nombre d'images analysées

Créer un compteur d'utilisation en Python

python

```python
import sqlite3

conn = sqlite3.connect("utilisation.db")
cursor = conn.cursor()
```

```
# Créer une table pour suivre l'utilisation des API keys
cursor.execute("CREATE TABLE IF NOT EXISTS usage (api_key TEXT, requests INT)")
conn.commit()
```

À chaque requête, on met à jour l'usage :

python

```
def enregistrer_utilisation(api_key):
    cursor.execute("UPDATE usage SET requests = requests + 1 WHERE api_key = ?", (api_key,))
    conn.commit()
```

7.3. Modèle Freemium vs Premium

Une autre approche efficace est de proposer **une version gratuite avec des limitations** et une **version payante avec plus de fonctionnalités**.

Offrir une Version Gratuite + Version Premium

Stratégies Freemium/Premium

- **Limite d'utilisation** : Ex. 10 requêtes gratuites par jour
- **Réponses limitées** : Version gratuite = Réponses génériques, Version premium = Réponses personnalisées
- **Accès exclusif** : Ex. Historique des conversations réservé aux abonnés

Exemple d'implémentation en Python

python

```
GRATUIT_LIMIT = 10

def verifier_acces(api_key):
    cursor.execute("SELECT requests FROM usage WHERE api_key = ?", (api_key,))
    result = cursor.fetchone()
    if result and result[0] >= GRATUIT_LIMIT:
        return "Limite atteinte, passez à la version premium."
    return "Accès autorisé"
```

Publicité et Partenariats

Si vous ne voulez pas rendre votre agent **payant directement**, vous pouvez monétiser autrement :
- **Publicité** : Afficher des annonces dans l'interface
- **Partenariats** : Intégrer votre agent IA dans des services tiers

Plateformes pour monétiser avec de la publicité

- **Google AdSense (si votre IA est sur un site web)**
- **Partenariats avec des entreprises tech**
- **Affiliation avec des outils complémentaires**

Nous avons exploré **trois stratégies principales** pour monétiser un agent IA :
- **Créer un service payant** (SaaS, abonnement)
- **Vendre un accès API** (paiement par requête)
- **Adopter un modèle Freemium** (version gratuite + premium)

À vous de choisir la méthode qui correspond le mieux à votre projet et à votre audience !

Conclusion et Ressources

Résumé du Processus

Nous avons parcouru **tout le chemin de la création d'un agent IA**, depuis sa conception jusqu'à sa monétisation. Voici un résumé des étapes clés abordées dans ce guide :

- Étapes Clés

Comprendre les fondamentaux : Introduction aux agents IA et leurs usages.
Installation et configuration : Mise en place de l'environnement avec LM Studio et DeepSeek.
Développement du cœur de l'agent IA : Traitement du langage naturel, gestion du contexte, et prise de décision.
Personnalisation et amélioration : Adaptation aux besoins spécifiques, intégration de bases de données et enrichissement des réponses.
Ajout de fonctionnalités avancées : Multimodalité (image, audio, vidéo), automatisation et interopérabilité avec d'autres outils.
Déploiement : Hébergement sur serveur local ou cloud, création d'une API et optimisation des performances.
Monétisation : Transformation en SaaS, vente d'un accès API ou adoption d'un modèle Freemium.

Prochaines Étapes et Approfondissements

Après avoir créé votre agent IA, voici quelques pistes pour aller plus loin :

Améliorer l'agent IA
. Affiner la compréhension du langage grâce à **fine-tuning** ou **RAG (Retrieval-Augmented Generation)**
. Ajouter **un apprentissage en continu** pour améliorer les performances au fil du temps
. Intégrer **de nouveaux modèles plus puissants** (Mistral, LLaMA, Gemini)

Optimiser le déploiement
. Réduire les coûts d'inférence avec **quantization (ex: GPTQ, GGUF)**
. Utiliser un **serveur dédié avec GPU/TPU** pour accélérer les réponses

Explorer de nouvelles applications
. Développer un **chatbot multimodal** (texte + voix + image)
. Créer un **agent IA spécialisé pour un domaine précis** (médecine, finance,

éducation)

. Expérimenter **l'intégration avec des outils no-code (Make, Zapier)**

Liste de Ressources Utiles

Tutoriels et Documentation

. Hugging Face – Ressources sur le NLP et modèles open-source
. FastAPI – Développement d'API ultra-rapides pour IA
. LangChain – Construction d'agents conversationnels avancés
. DeepSeek AI – Documentation du modèle utilisé dans ce guide

Cours en Ligne

. Coursera – Deep Learning Specialization
. Udemy – Créer une API avec Flask et FastAPI
. OpenAI Cookbook

Forums et Communautés

. Reddit – r/MachineLearning – Discussions sur l'IA
. Stack Overflow – Aide technique et debugging
. Discord AI Communities – Échange avec d'autres développeurs d'IA

Conclusion

Vous avez maintenant **toutes les clés en main** pour créer, améliorer et monétiser votre agent IA.

Que vous souhaitiez lancer un produit commercial, automatiser des tâches ou simplement expérimenter avec l'IA, votre agent peut évoluer et s'adapter à de nombreux usages.

Bonne création et à vous de jouer !

Table des matières